JN410161

그리움의 끝에는

그리움의 끝에는

이경주 시집

밀레

국립중앙도서관 출판예정도서목록(CIP)

그리움의 끝에는 : 이경주 시집 / 지은이: 이경주. — 서울
: 밀레, 2018
p. ; cm

ISBN 978-89-97815-22-7 03800 : ₩10000

한국 현대시[韓國現代詩]

811.7-KDC6
895.715-DDC23 CIP2018019637

시인의 말

창문을 열고
구김 하나 없는 햇살 속으로
두근이며
내 흔적들을 흩는다

바람결에 흘러흘러
내 안에 꽃잎처럼 붉어보라고

빈방을 열고
나부는 상념들
차향 돋우어 묻으련다

2018년 봄
이경주

• 차례 •

1, 바람처럼 머무는

2, 그대에게 필 수만 있다면

3, 풍금소리 흐르는데

4, 저녁노을 꽃잎 속에

5, 꽃처럼 흔들리며

1

바람처럼 머무는

자화상

난

꽃이 아니지만

나무도 아니지만

아무 것도 아니지만

늘

꽃인 듯

꽃인 듯 살아

나무보다 더 흔들리고

꽃샘바람

봄결은 새침해도
대지의 약속은 따숩어

흙내 부푼 자리마다
새순 움돋아

외눈 뜬 꽃몽오리
기지개 켜네

이른 강에 눈 씻어
하늘 둘레 귀 모으며
봄길 여네

저만큼 보리밭
청푸르라고

봄바람

겨우내 몸살을 앓던
눈이 채 녹지 않은
내 마음 가슴에도
바람이 불어오네요

새 생명 새 빛깔로
봄소식 전해오는 바람노래에
내 맘에 강물도 햇살도
수런이며 출렁입니다

꽃들이
꽃밭에서만 피는 건
아니네요

홀로 눈시울 적실 때면
더불어 붉어지던
내 가슴으로
살포시
꽃대궁을 들여미네요

오늘은
활짝 필 꽃들의 숨결로
봄옷을 차려입고

대지를 적시는 봄비처럼
실핏줄 같은
봄나래를 한껏 펼쳐
종다리처럼 저어봅니다
날아봅니다

당신을 사랑한다는 것은

당신을 사랑한다는 것은
고요히
호수에 잠긴 달처럼
당신에게로
당신에게로
흘러드는 것입니다

당신을 사랑한다는 것은
정결한 아침 식탁에서
눈부신
당신과의 첫 만남을
기억하는 것입니다

보고싶다는 말
그립다는 말로
미소 짓는 것입니다

정다운 별 하나로
더 가까이
더 푸르게
반짝이는 것입니다

진실로 당신을 사랑한다는 것은
오래오래 눈 저물도록
꽃 한 송이
함께 피워내는 것입니다

꽃잎 속에 나란히
꿈을 꾸는 것입니다

봄비

그대는 가벼워

너무나 가벼워

종일토록 걸어도 젖지 않네

그대는 감미로워

시처럼 노래처럼

박하 연두 향기로 현을 고르네

새순, 자긋이 떠뜨리는

소나기

그래서
네 속이 후련하다면
실컷 두들겨 보렴아
와락 안고 뒹굴어 보렴아
하늘 번쩍 눈멀어도 좋으니
그렇게
너 목놓아 울고 간 자리
한 폭 부신 날개여
사뭇 내 눈이 멀어라

봄 햇살 속에

흙내음 향긋한 훈풍 불어와
나뭇가지 새순을
연인처럼 보듬으니
멀리 그리운 님이 오시나보다
진달랫빛 환한 웃음으로

지난 겨울 얘길랑
묻지도 말고
듣지도 말고
훈장처럼 달고 온 아지랑이나
도담다담 만져볼까봐!

벌써부터 마당 끝에 와 기다리던
햇살이
아지랑이랑 소곤이더니
상큼한 봄 웃음소리!
담장을 넘는다

푸른 하늘로 마구마구 솟구친다

꽃잎은 떨어져도

꽃잎은 떨어져도
울지 않네
바닥에 누워서도
웃고 있네

그래서
봄이 피는가보다

시나브로 꽃잎들이
꽃잎들이 누워
선한 미소
남김없이 사를 제

비로소 봄이
봄이 한창 오더이다

바람처럼 머무는

진종일 비 내리더니
무른 가슴으로
꽃잎 잦아든다

아프지 않은 꽃들이
어디 있으랴
고와서 부시고
아려 시린 사랑이여

나지막이 불러보는
네 이름
울림으로 내게 온다

"헤어짐이 두려운 게 아니라
잊혀짐이 슬프다"며
흔들리던 너

내 마음 작은 호수엔
아직도
네가 네가 ……

잠시 바람이 인다

물결은
고요하고
너는
젖지 않았다

위안처럼 다시 어둠이
깊고 푸른 밤이
너를 에워 깃을 친다

바람처럼 머무는

찔레꽃

가만가만 있어도

고개 살풋 치켜도

슬픔처럼 번져나는
주체 못할 향!

만나는 가슴마다
흔들어 놓고

뉘 피가 끓어
이 불길 덮어주랴

풀꽃 같은 사랑도 좋으련만

목련

목련이 미소짓기 시작합니다

이윽고 새마알갛게

화알짝 웃었습니다

그런데 바람이 몹시 짓궂네요

내일은 비가 온다는 일기예보이구요

차라리 당신

웃지 말 걸 그랬습니다

하늘강 저 너머로

구름처럼 흐를 걸 그랬습니다

그럴 수는 없겠지만

바람이 불어와
나를 흔들고
너를 비우고

구름이 밀려와
또 나를 흔들고
널 비우고

그럴 순 없겠지만
그럴 수는 없겠지만

훗날 너를 만난다면
모른 척
다 잊은 척
스쳐가리라

미련조차 없는 듯이
내 길 가리라

아니 아니
널 잊은 적 하루도 없었노라

바람처럼 구름처럼
불어 뒹구리

그럴 수는 없겠지만

바람꽃

새들 날아간 발자국 따라
바람인 듯 떠나렸는데
구름인 듯 흐르렸는데

바람은 먼저 가며 말하네
"서두르지 마
넌 아직 갈 수가 없어"

하늘길 아득하고
달빛 탄식처럼 흔들리는데

하얀 꽃잎 지우며 피우며 말하네
"날 기다리지 마
난 작은 세상이 더 좋아

내일은 무지개가 뜰 거야"

부겐베리아*

너
얼마나 외로웠으면
꽃 속에
꽃으로 피느냐

너
얼마나 서러웠으면
꽃 속의
꽃을 보느냐

* 부겐베리아 : 원산지는 브라질이며, '정열'이라는 꽃말을 가진 색종이를 접은 듯한 겹꽃의 모양이다.

그리움의 끝에는

여행을 떠나듯
한잎 두잎
꽃잎 흘러간다

흩날리는 꽃잎들이
아름다운 것은
오직
여운의 향기로만
머무르기 때문이다

아스라이
그리움의 끝에는

언제나
네가 있고
바람이 있다

그리움의 한 켠에는
누군가가
바람을 다스린다

너는 한결같이
아니 짐짓
아른이며 일렁이며
그리움의 끝에 서성인다

보이지 않는
사라지지 않는 머언
그리움의 끝에

명상

이러히
조용히 들어와
저러히
고요히 눕는
한 주름 바람 같이

한 굽이 흐름을
이러히 감아
저러히 되돌릴 수 있다면

먼저 가신 어머니가
돌아 돌아
오실텐데

천 근 만 근 사슬들도
풀잎처럼
가벼울텐데

흐르는 세월의 가지 위
꽃인지 새인지
맑은 숨들이 있어,

어린 무덤 가
푸른 향길 흩어주네
한 소절 노랠 들려주네

아, 영혼 없는 타향에서 돌아오라 하네!

홍엽

하늘
푸르 푸르른 날은

청명한 바람결에
머물고 싶어,

죄 없는 상처마다
불 밝혔네

무슨 꽃의 울음인가
어느 새의 고백인가

투명한 상처마다
불 밝혔네

2

그대에게 필 수만 있다면

부끄러움

첫 시집을 내며
무척이나 설렜었지

한참이나 부끄러웠지

어쩌나
여전히 부끄러운데

하지만 감출 수 없는
그 부끄러움 투성이들로
무한한 자유와 풍요를 누렸으니

더하여 아름다운 일몰을 꿈꾸며
시에게 양해를 구하며
마냥
부끄러울 밖에는

시에게 안부를

지금도 그대는

뭇 영혼 포근히 감싸주는지

가끔씩

향기도 흩어주는지

시에게

아직 남아있는
미지의 날들은
너를 돌아보며 살고프다

멀리 있어
더욱 아름다운
너를 바라보며 살고프다

풀벌레 울음 우는
지금은
나물 캐듯 조용히
너 하나만 쳐다볼 뿐이다

방금
해저무는 저녁답*
창백한 달이 뜨기 전에
너를 품고 싶다

바람처럼 낙엽처럼
내 기억들 한잎 두잎
흩어지기 전에

너를 맞고 싶다
처음인 듯 순결한 너를

나의 가을이 다 가기 전
어두워지기 전에

*저녁답 : "저녁 무렵"이라는 뜻으로 쓰는 경상도 방언

몸살을 앓으며

한 이틀 몸살을 앓았습니다

오한에 떨다
열에 달뜨다
이윽고 마디마디 열꽃이 돋았습니다
이맛전마다 불 밝힌
핏빛 봉오리
얼마나 좋을까요
내, 시의 꽃들이 이렇게 맺혔으면!
내 평생 보석처럼 지녀도 좋을
시 한 줌 따서

푸른 초원을 죽도록 달려보고 싶었습니다

애기똥풀 같은

한바탕 소낙비 훑고간 뒤
어린 꿈 펼쳐놓은 아침 햇살 같은
등 하나 켜봤으면

날 어둑해지면
아슴한 풍경 같은 섬으로
등댓불 깜박이는
등 하나 밝혔으면

도란도란 길섶에
노오랗게 정겨운 애기똥풀 같은
시 하나 피웠으면

서시

밤이면
푸른 사슴 찾아와
수풀 누비다
아침이면
멀리멀리 달아나는 숲

여명의 빛을 모아
해여 솟아라
붉게 솟아라

가자!
바람 노래하는
저 양지녘
푸른 나무 위로
작은 풀잎 곁으로

어쩌면 맑은 날
햇살 무늬 켜는 강가에서
새들
사랑애길 듣게 될지도 몰라

또 어느 밤
잊혀진
슬픈 전설 속
눈부신 슬픔을 펼쳐
훠얼 훨, 순식간에 날아보련지

별을 떨구며 떨구며

한 번 더 꿈꾸고 싶다

조용한 뜰이나
산책로에 홀로 서면
나에게만 그윽이 들려오는
풍금소리가 있어
아련한 그리움 속에
어렴풋이 보이는
눈물방울처럼 맑은
내가 있어
하얀 눈송이로 날아가
와락 안기우고 싶다
아무 것도 아닌 내가
가진 것 없는 내가
티 없는 나에게로 달려가
봉숭아처럼 해맑은
맨드라미보다 더 붉은
내 옛 꿈속에 잠겨보고 싶다

한 번 더 꿈꾸고 싶다

춤의 영혼

북소리 둥둥

징을 울려라

잠든 내 영혼

징소리 퍼지듯 깨어나라

날개는 없어도 좋아라

달빛 타고 올라

바람이 되면

당신의 아름다운 약속으로
— 보름달을 보며

둥실 둥근 달님이
둥두렷이
떠오르면

흐르는 추억 속
포개진 꿈들이
나래를 펼칩니다

세상 슬픔 다 모아
차오르는 달빛
젖어드는 달무리
빈 그네로 흔들리는 침묵

고요는 고요를 불러
은총은
흰옷처럼 빛나느니

나는 당신의 꽃밭에 피는
한 송이
작은 꽃이 됩니다

강물에 노니는
어린 물고기처럼
어둠을 가르는 새벽별처럼

당신의 아름다운 약속으로
이 목숨이 빛나기를

둥두런 달님에게
청해봅니다
빌어봅니다

슬픈 껍질

어째서
어머니를 부르면
눈물향기가 괴는지
더디 웃는
꽃들의 미소가 어룽이는지

다 주고도 모자라는 사랑이 애달아
부릴수록 쌓이는 세월의 짐이 버거워
이슬에 영롱이는
젖어 하얀 꽃

십리 밖 떨치면 시오리 불어오는
바람 움켜
잔가지 생채기들
촘촘한
무명실로 꿰매주고

정작 아려 물이 드는 푸른 산하(山河)여

산허리도 이울어
해거름이 겨운가

봄꽃 환한 그늘 아래
삶의 회오리를 보낸
마른 껍질을 보네

눈물내 그렁한 슬픈 껍질을

초승달

주고 주고

또 주고

손톱만큼 남은

그대에게 필 수만 있다면

오늘도
별빛 돋우어
당신 가까이 가네

잎새마다 사운대는
결고운 바람으로
풀잎 위에
내 마음 쓰네

지워지지 않는
한 송이 꽃으로
그대에게 필 수만 있다면

이 밤 내내
하아야히 새우련만

까아마히 사르련만

오월의 기도

기도처럼 하얀
하얀 오월의 꽃길 따라
두 눈을 감습니다

녹음이 짙어지면
꽃처럼 흔들리지 않고
새처럼도 울지않게 하소서

맑게 차오르는 샘물로
먼지 묻은 영혼을
씻게 하시며
출렁이며 출렁이며
흐르게 하소서

슬픔도 향기로운
정든 골목길
길이 너무 많아
헤매이지 않게 하소서

멀고도 가까운 시간 속
조용히

헌 옷을 벗어
다시 피는 내일이게 하소서

한 줌 햇살 앞에서도
부끄러운 목숨이
혼자 무너지지 않게 하시며
은총으로 빛나는 오늘이게 하소서

기도처럼 하얀
하얀 오월의 꽃길 따라
다시금
두 손을 모읍니다

푸르른 유월은
— 호국보훈의 달에

해마다 유월은
푸르른 유월은

누운 꽃들이 일어나고
야윈 새들이 돌아오고

빛바랜 사진첩 속
앳되신 아버지가

흰 옷 갈아입으시는
하얀 달이다

풀잎처럼 스러진
애틋한 님들이

흰 국화 향기로
눈 뜨시는 달이다

못 다한 옛 얘긴
뻐꾸기 울음 속에

하고픈 남은 말은
흰 구름으로

강물처럼 기도처럼
흘러 흘러

유월은 너와 내가
부둥켜 흐르는 달이다

기도처럼
희디희게 흐르는 달이다

그대 위한 빈자리

꽃등 하나 켜 두었습니다
그대 위하여
오늘 밤은 등 하나 더 밝힙니다
가난한 내 영혼 위해
먼 길 가는 이여
솔내 나는 맑은 물 길었습니다
정갈히 소반도 닦았습니다
수줍은 잔에는 무슨 잎 띄울까요
이 밤도 별이 빛납니다
그대 위한 빈자리
후미진 뒤곁
흰 그늘 밑
나지막이 엎드린 뜨거운 바람
바람 끝에 매달린 잎새 하나
맴을 돌고 맴을 돌고
문득 꽃 한 송이 붉어집니다
꽃등 하나 사윕니다

3

풍금소리 흐르는데

숲은 혼자서도 아름답다

너른 숲
아름드리 나무들은
가슴마다 옹골져
산처럼 높아가고

생명들
숲속 깊은 품에
젖어 푸르르고

서곡처럼 일어서는 장엄한 태양
나부껴 불어오는 천의 바람

숲은 순간 찬란한 불꽃이다
출렁이는 환희다

하늘 우러러
한줌 흙 돋우는 작은 풀들의 몸짓이
순백한 나무들의 향기가
맑아 숙연하다

해종일
위무(慰撫)와 안식
미지의 내일을 노래하는
숲은 혼자서도 아름답다
늘 충만하다

숲

비 내리는 숲은
아득한 바다

물향기 스민 나무는
그윽한 바닷빛

바람이 불면
파도로 출렁이네

이윽고
갓 맑게 솟은
해 한 덩이!
푸른 바다 붉디붉게 물들이고
새들은 우짖어 우짖어 날고

비 그친 저녁 숲은
잔잔한 호수

구름도
부끄러이 부끄러이
몸 적시는

바람 속에는

바람 속에는
눈먼 잎새들이
그림을 그리고 있습니다

바람 속에는 바람 속에는
못다 핀 꽃잎들이
창(窓)을 내고 있습니다

바람 속에는
얼굴 푸른 추억이
그늘 환한 고독이
길을 내고 있습니다

바람 속에는
아직도
흙이 다 되지 못한 것들이
피릴 불고 있습니다

가을 1

빠알강 고추 한 마당
가을하늘 물들이면

울 너머 나비
햇살 등에 졸고

실바람 타는
코스모스 머리 위로

고추잠자리
왔다
갔다

가을 2

하늘이 쪽빛 바다입니다
몸 들이면 물보라 튕길 듯
꿈을 긷던 푸른 언어들
금빛 침잠하니
수런이는 가슴에도 가랑잎 구릅니다
마당 한 귀퉁이
저녁놀을 이고
고추잠자리 떼 곡예가 한창입니다
한참을 한데 섞여 맴돌리다가
잠자리처럼 붉어졌습니다
남녘 늙은 목련은
종일토록 새들의 얘기로 흐르다가
이제 마악
잠이 드나 봅니다
갈잎 편지 한 장 흘려 놓은 채

가을 3

저기 저 청잣빛
하늘에
닿고 싶어라

작은 욕심 큰 욕심
무거운 죄 가벼운 죄
부끄러이 부끄러이 벗어

푸르른 저기 저
죄 없는 하늘에
흐르고 싶어라

비로소
충만한 가을
고백이 아름다운
웅숭깊은 가슴이어라

아직 못다 붉은 이파리들
한 줌 볕을
조율하고

바람은 주춤이여
나무들의 염원을 한데로
모으고

처음처럼 마지막처럼
숙연한 날개의 몸짓으로
물든 옷을 떨구는
지금은
지금은

먼 여정을 향한
갈잎들의 기도처럼
깊어지고 싶어라

무릎 꿇고 싶어라

가을바람

가을바람에는
종소리가 난다

깊고 푸른 산사의
머 언 종소리가

종이 울리면
풀잎이 누워
나뭇잎을 부르고

구름이 흘러가면
나무는 제 몸을 흔들어
종을 울리고

새들은 허공을 돌아
종소릴 줍는다

종은 울리고
또 울리고

만추(晩秋)

금빛 사뭇 나부껴

허공

저리도 부신데

차라리

눈감아

종을 울릴까

바람의 주명곡

낮은음자리표 종소리

갈대

하얀 모시 저고리
잠자리 같이 차려 입고

산모롱이 돌아
님에게 간다더니

저물녘
저물지 못한 그리움만
여울져 옵니다

바람 부는 가슴은
강물처럼 무거워
앉을 수도 설 수도 없습니다

사색의 강가에 서 보아도
언어는 잠기고
기억은 여위어

머언데 노을만 바라
한참씩 생각난 듯
흔들리고 흔들립니다

갈대 울음소리는
바람입니다

바람소리는
갈대의 울음입니다

섬

너 떠나간 지가
언제였는지
나 아픈 지가
얼마큼인지

알고 싶지 않아
내 숨결 따라 흘러 흐를 뿐

목 쉰 울음 우는
내 설움인 듯
모랫벌 삼켜 밀려오는
눈물 눈물

한 자락
가픈 숨 부둥키면
새하얗게 무너지는
내 살과 뼈들

잦아드는 물새 소리

이제
밤 오면 잠들어
오직
너를 잊는 일만
광풍처럼
널 휘몰아내는 일만 남아

별 함께 흔들리던
맑은 어둠이 되고 싶어라

머언 먼 옛날이 되고 싶어라

바다 그리기
— 코타키나발루 해변에서

여명이
훈향에 머물 동안도

파도는
머 언 약속처럼
아득히
그리움 잣고

나른한 해조음에 드리운
미지의 꽃향!

몽환의
야자를 부르다
나를 에우다

이욱고
내 날개마저
들추고 말아

나는 환희처럼
나부끼며
나부끼며

황금종을 울리네
은모래를 낚네

태양이
내 푸른 것을
어루만질 때까지

억새숲

오늘도 해 저물어

바람은 불고

길이 너무 많아

길이 없는

어쩌다 너는

여기에 사위는지

첫눈 1

커튼을 젖히니 온통
은빛 세상

백설로 덮인 집과 나무
한 장의 예쁜
크리스마스 카드!

누가 보냈을까
난 준비도 못했는데

첫눈 2

어머나
눈이잖아 눈!
하얀 눈이 흰 눈이
유리창 캔버스에
새하얀 세상을 그리네

가는 붓으로 시작인가 했더니
굵은 붓으로 옮겨쥐더니
옹기종기
버들강아지 실눈 뜨고
청솔잎엔 눈꽃 이네

……
어라!
벌써 쉬려고?!

어렵쇼!
목련에 개나리도
단숨에 피울 기세더니만

……

작은 새들 포르르 날아와 하얀나무 새싹을
톡톡 쪼아대고 바람조차 거드니
맥없이 무너지네

무심하던 햇살마저
반짝했으니
눈 구경은 물건너 갔다고

엉거주춤 일어서는데
순식간에
민들레홀씨 같은 것이
솜사탕 같은 것이
마구마구 휘나르네
펴엉펑 쏟아지네

폭설 속을 날아가는 새 한 마리,
눈 푸르다

풍금소리 흐르는데
— 눈 내리는 날

기억의 한 모퉁이 사라진 듯
겨울 강변 고요에
풍금소리 흐르네

이미 떠나보낸 숱한 것들이
한꺼번에 밀려와
풍금을 타고

길 떠나는 바람 같이
추억들
우거 우거 서성이고

더듬어 잡힐 듯
하얀 풍금소리로 기대오는
젖은 나비

다가서면 영롱히 저며 오는
먼 꽃들의 노래
희디흰 말(言)

우려도 보고
흩어도 보고

풍금소리 흐르는데

풍금소리 흐르는데

함박눈

하얀 나비 춤을 추네

우아히 우아히

하늑 하느적

영원인 듯

4

저녁노을 꽃잎 속에

그땐 그랬지

그래 맞어
철없을 땐 그랬었지
그땐 그랬지

낙엽이 다 된 할머니
무슨 낙으로 사는지
의아했었지

머리에는 서리꽃
손엔 갈꽃
은비녀에 옥가락지
나비도 앉았지만
하나 이쁘지 않아,

박꽃 같은 내 얼굴
삼단 머리 내 비단결 손이
제격인데
맘속으로
속으로는 그랬었지

노을 비낀 툇마루에
그림자로
무슨 생각, 하루를 골몰한지
궁금했었지

맞어 맞어
그땐 그랬지
예전엔 그랬었지

살다보니 잠깐인 걸
꿈결인 듯 덧없는 걸
그땐 몰랐지
그땐 그랬지

꽃 지는 이제야

이제 알았네

우리
흙에서 흙으로
어머니서 어머니께로
다시 돌아가는 것을

꽃 보고
새 보고
사랑도 보고

우레 번개에
가슴 쓸다가
된바람 눈보라에
휘몰리다가

산 보고
강물 보고
하늘을 보고

언제일지 알 수 없는
그 어느 날에
먼저 가신 어머니처럼
우리 돌아가는 것을

꽃필 땐 몰랐는데
꽃 지는 이제야
이제야 알았네

비로소 알았네

낙화

작은
그 작디작은 것들이
자꾸만
망설이던 것을

그 여린 몸들이
어룽지도록
올올이 등불 연연히
비추던 것을

영롱한 햇살에 기대어
시나브로 떨구던
섧은 꽃물을
바람은 기억하는지

너라고 미련 없었으리
추억 없었으랴만
한껏 푸른 하늘 두고
불현듯 흘러가는지

고운 속살 뒤척이며
멀어가는지

저녁노을 꽃잎 속에

초연히 흐르는
세월 따라
바람결에 흐르는
구름 따라
걷고 또 걷다가
길 다하는 날에는
캄캄한 땅 속은 말고
환한 노을 속에 지고 싶다
추운 겨울은 말고
더운 여름도 말고
진달래 붉은 봄이나
하얀 구절초 흐르는 가을에
저녁노을 꽃잎 속에 지고 싶다
국화향 호젓이 산그늘 에돌고
강물 오롯이 깊을녘
붉게 타는 저녁노을
붉디붉은 꽃잎 속에 지고 싶다

저녁노을 꽃잎 속에

우린 울지 않았습니다
— 어머니 영결식 날에

그대
에돌아 에돌아
우리 곁을 떠날 때
우린 울지 않았습니다
우린 아직
당신을 보내지 않았거든요

비가 내립니다
당신 눈물인 듯
주르 주르르 흐릅니다
우린 울지 않았습니다
우린 아직
당신을 보내지 않았거든요

하염없는 비가 비가
우리 눈에 가슴에 고여듭니다
소리없이 파고드는 이 빗물은
정말이지 우리 눈물이 아닙니다
우린 아직
아직 당신을 보내지 않았으니까요

우린 울지 않았습니다

꽃길 따라 오시게나
— 어머니 삼우제에

그대
가셨나요
꽃길 따라 가셨나요

이고 지고 서성이던
빛바랜 얼룩 짐
꽃그늘 서리서리 여며두고

꽃불 지핀 땅끝 하늘
혼절하는 노을꽃
소용돌이 물결 속
지고 피고
지고
피고

우리 슬픔 사이사이
서로 그리운
그리운 별이 되어
까아만 꽃씨 되어
눈물처럼 영롱이면

그대 하늘 가
결고운 바람으로
꽃향기 저며저며 오시게나
꽃길 따라 꽃길 따라 오시게나

오시게나

한 송이 꽃으로

시나브로 나부끼는
영혼의 향기

생명의 불씨 모아
보듬나니

삶은 유유히
죽음의 묵화를 치고

죽음은
이미

삶 속 깊숙이
한 송이 꽃으로

꽃으로
화답하고 있었슴이랴!

강물을 거슬러

나를 싣고 갈
작은 쪽배 하나
내 손으로 저어가고 싶은데
강물을 거슬러

아무도 함께 갈 수 없는
머나먼 길을
나홀로 홀로
건너야 한다는데
강물을 거슬러

어떻게 노 저어야
꽃잎처럼 풀잎처럼
흘러갈까

내 사랑 한 줌, 뜨거운 잿빛 되어
누군가의 가슴에 흩날릴 때면
내 영혼의 강기슭에
쉬이 닿을까
강물을 거슬러 거슬러

기다림

그대
다 놓아버린
등짐 다 내려버린
마주 두 손 고울레라

머언
구름밭 돌아
강물 거슬러오는
고마운 빈 배

베 보자기 희디희게
가벼이 오를레라
가슴도 뼈도
정갈히
겸손히

아아, 고요해라
저문 강이여
그대 빈 손이여

바람 푸른 집
— 천안공원묘원에서

울긋불긋 꽃들 누빈
양지바른 동산

맑은 새소리
이슬을 털면
여린 햇살이
가난한 풍경을 어루는
고즈넉한 푸른 집

바람 한 자락
노을 걸쳐 거닐면
견고한 비문들이
정중히 목례하는
바람 푸른 집

그리움 기일게 늘여
꽃보다 슬피 누운
적막한 영혼의 집
깊고 푸른 집

바람 푸른 영혼의 집

파랑새를 위하여

봄비 내립니다
호젓이 내립니다

흐미히 남은
그림자마저
거두려나 봅니다

다시 날아올
파랑새를 위하여

아무도
채울 수 없는 머나먼 곳에
한 방울 풀잎으로 서 있을
당신을 위해

누구도
찾을 수 없는 내 안에
빈자리로
당신 오신 그때처럼
남겨두렵니다

자꾸만
당신 얼굴이 지워지려 해
봄비처럼 가만가만
당신이름만 부르네요

안개비에 잠겨
홀로 깊어가는 당신
천리안의 눈길로
우릴 지킬테지요

저 비 그치면
천상의 날개로
푸른 하늘 오를테지요

눈물은 적셔도 울지말라며
아카시향기 배웅하는
오월의 숲을 지날테지요

푸른 눈빛들이 숲으로
흔들리는
종소리도 푸른

애모

당신은 떠나고
나는 남았지만
우리 마음이 닿으면
꽃길인 듯 향그러우리

겨울이 그린 허공에는
서로 어깨를 내어주며
눈이 내리고

꽃들의 숨소리 들릴 듯
고요한 밤은
애모의 정 연연한
보배로운 시간이어라

눈감으면
아득히 닿을 듯

회한의 달이 이울면
당신은 징검다리 건너시고
나는 꽃등 환히 켜고
고즈넉한 당신 걸음 맞으리

꽃잎인 듯 그리움인 듯
하염없는
하염없는
당신 길 맞으리
당신 새하얀 걸음 맞으리

고독 1

어린 새 한 마리 오지 않는다

구름 한 포기 흐르지 않는다

가랑잎 하나 물구나무 서 운다

고독 2

봄볕은
흐드러지고
꽃내음은
지천인데
한이레를 앓았구나

깃털처럼
가벼워진 오장육부는
나비떼로 날아올라

부질없이 움튼
내 우수를 내려다보네
뼈마디마디 감춰진
내 우울을 들여다보네

유리창엔 흐느끼는 햇살
부유하는 공허

날아라
드높이 높이
꽃처럼 부신 내 고독이여

불면

삶의 조각들을 품고
밤은 무거워만 가는데

언어는 날개 달아
날아오르고

나는 밝아 밝아
어둠 헹구네

모닥불을 피워주랴
먼 옛날을 불러주랴

부디 부디 익거라
무르익거라

죄 없이도 묻혀가는
낙엽처럼

5
꽃처럼 흔들리며

향수를 뿌리며

나는 지금
열애 중이라네
그대 함박꽃 웃음에 취하여

바람 한 잎에도
미소짓는 당신
향그러운 나

하늘이 뿌려놓은 햇살 따라
당신 미소 번지면
난 그만 꽃이 되고
고운 당신 화안히 웃고

창밖엔 눈이
펴얼펄 눈이
나뭇가지 가지마다
눈꽃사태!

저기 저 눈송아리 꽃송아리
하르르
당신 웃음 내리면
그만 또 애꿎은 나비 되고

불꽃놀이

기분 좋은 날
오색 알사탕에 반딧불이 넣어
칠흑 하늘에다 휘파람 불면

만찬 준비 막 끝낸
은하수는
방금 샹들리에 불 밝힌 무도회장

금빛 계곡 은물결 위
반딧불로 쏟아지는 울긋불긋 꽃타래
노랑 나비떼 현란한 춤

오, 눈부셔라
별들의 축제!

팅커벨*은 종횡무진 하늘을 날고
우리네 가슴엔 폭죽이 터지고

* 팅커벨 : 영국작가 JM.베리의 소설 - 피터와 웬디에 등장하는 날개달린 작은 요정

사랑이여

당신은 살며시
내 꿈결 속 흘러흘러
은발 머릿결에
은하수를 수놓아요

꿈꾸는 내 손 맞잡아
밤하늘 어둠에
시를 쓰네요

우리 백년가약의 가슴으로
달빛 별빛
송두리째 내리고

사랑은 우리 사랑은
고요하고
은은하고

사랑이여
인생 두렵지않아요
가난한 우리 이름의 열매들이
저토록 붉음에랴

비로소 투명히 보이네요
지난 날
해맑았던 웃음들이
뜨거웠던 눈물들이

사랑이여
저 무지개 언덕에 이르도록
못다 부른 노래를 마저 불러요

우리 방금
나래 고운 푸른 새로
날아가네요

초원에는
구름처럼 피어나는
저녁 종소리

다시 그대 곁에
조용히 머릴 뉘네요

사랑이여
그대 내 사랑이여

한 떨기 환희여
— 민하 첫돌에

꽃이여
너 있으니 있으니
옥빛 하늘 저리 고와
남실남실 시내도 흥겨워라

꽃이여
오너라 아장아장 오너라
실바람 살래살래 어깨 겯은
어린 풀밭 위로
너를 환호하는 새처럼 나비처럼

가만가만 들어보렴
풀빛 꿈 소근소근
새푸른 노래를

꿈꾸는 꽃이여
오붓다붓 강 너머 피는
흰 구름을 보느냐

네 눈은 눈은 아롱아롱
별무늬 시린 꽃망울
오, 한 송이 순수여!

누리 누리
무지개 햇살 부채춤 추고
너는 너는
고사리 손 반짝반짝
풀피리 불고

오, 축복이여!
한 떨기 환희여!

장마 1

나날이 젖어
속속들이 젖어
초록이 차고 넘쳐

위풍당당 나무들
서슬 푸른데

어쩌나
별빛처럼 우는 작은 새는

장마 2

모두 울고 있네

머리 풀어 울고 있네

곡비처럼

곡비처럼

통곡하고 있네

꽃처럼 흔들리며

풀잎에 맺힌
한 방울 이슬에도
내 나날의
기쁨과 슬픔에도
별들이 반짝이누나

울며 웃으며
꽃처럼 흔들리며

산에 들에
피고 진
바람 스쳐간 자리
지등 고이 밝히느니

옛적들
별처럼 돋아나고

갈수록 멀어지는
꽃들의 속삭임
스러지는 달빛

흔들리며 떠나가는 것은
아름다워라
다시 찾아오는 것은
더욱 아름다우리

동튼 하늘 밝아지면
새떼
방금 날아오고

구름 너머 아득히 먼
그대
돌아올 채비하리
다시올 채비하리

새야새야 예쁜 새야

세상 꿈들을 한데 모은 듯
햇살 마냥 부신데

누가 별을 훔쳐간 듯
꽃을 꺾어버린 듯
빈 정원을 서성였지

오늘에야
함박웃음 터뜨린 너

어둠 돌아돌아
새벽안개 흩어
붉게 터진 꽃 한 송이!

네가 바로 12월의 선물이지
사랑이지

여운 맑은 종소리로
꽃씨 흩는 너는
자유로운 새
경계 없는 하늘을 맘껏 날아라

해와 달을 품어
물결 굽이치는 바다
서슴없이 저어라

파아란 하늘 한 조각은
가슴에 물고
활짝 펼친 두 날개로 노를 저어라

훨훨
훠얼 훠얼

* 대학 합격 통지를 받고 손녀 희연에게 보낸 편지

한여름

이읏고

산이

강이

신음인 듯 울음인 듯

검푸르누나

행복이란

행복이란
마알갛게 닦이운
티 없는 유리창이다
창 너머 작은 새들 지저귀는
오동나무 보라꽃 위로
어머니 젖빛 저고리가 흘러
내 색동옷이 나부껴
아스름히 유년의 추억들이
풀피릴 불고
문득 가슴 파아라니 물든다
마음이 어룽질 땐
유리창을 닦는다
바빠진 손끝들이 뽀드득 소릴 굴려
장독대 옆 꽈리를 신명나게 불어대면
마음 한 자락이 화안하다
행복이란
투명한 유리창에 피는
무지개 햇살이다
평범한 일상이다

홀로 부는 꽃바람

지금 불어오는 바람은
내 안에만 부는
홀로 부는 꽃바람

창밖엔 지금
벗은 나무 시려 우는
겨울이지만

지금 내 안에
홀로 부는 바람은
꽃타래 만발한 꽃바람

먼 산
아지랑이 불러
새순 틔우고
종다리 노래로
꽃눈 열어

하늘하늘
벙근 꽃이여!

지금
내 안에 부는 바람은
홀로 부는 바람은
꽃비 한창인 봄바람이다
꽃바람이다

그리움

바람이 불어요
어머니
자꾸자꾸 불어와요
눈물 한 올 떨굴데 없는
차거운 내 영혼이
밤비 속에 떨고만 있어요
추워요 어머니
연신 바람이 불어와요
들풀처럼 쓰러지고 싶어요
어머니
부디
따순 가슴 한 자락 펼쳐주셔요
어서요

동백꽃

너 좋고 나 좋은
꽃 피우기 적당한 철
꽃구경 알맞은 때
자꾸자꾸 피하더니
한사코 피하더니
고추바람 한겨울에
붉디붉게 에인 가슴
굳이 보인 까닭이야
누굴 기다리는데?
무슨 생각하는데?
다그쳐 채근한들
언 땅 디뎌 고즈넉이 핀 너!
무심한 척 바라볼 밖에

백련(白蓮)

밤이면
달빛 별빛 은밀한 향으로

낮이면
무지갯빛 농익은 볕으로

하늘은 굽어 너를 살피느니

네 구름밭 가슴에
저녁처럼 내리는
하얀 종소리

문득
무념무상 이르고

불꽃 없이 타오른
외길 생애는
홀로 피운
불멸의 사랑이었나

잿빛도
고고한
검푸른 사리(舍利)!

네 닿을 먼 곳도
침묵의 나라일까

희디흰
옷자락이 숙연하여라

청매(靑梅)

당신은 아직도
겨우나기가
힘드신가요

갈수록 봄은 짧고
겨울만 길다고
여기시나요

조금만 더
인내하십시오
하얀 겨울을 즐기십시오

겨울이 더디 감을
오히려 감사하십시오
충분히 준비할 수 있으니까요

오직 당신만의 방법으로
당신의 봄을 일구십시오
그 누구도 대신할 순 없습니다
당신의 화려한 봄을

겨우내 주신 실한 선물
찬바람 된서리 우려
향기 마냥 흩으렵니다
하늘 푸르게 영그렵니다

우리 순한 바람처럼

당신은 신문을 보고
나는 시를 쓰고
우리 지금
서로 다른 생각에 잠겨있지만
더불어 흐르지요

창밖엔
비바람 거세지만
상관없어요

우리 흘러흘러 어른이 되었지만
삶도
기다림에 기대어 흐르는 것을
이제는 알았으니까요

무심도 한갖
이기심이라 한들
아랑곳않아요

순응하며 살뿐이죠

우리 순한 바람길 따라
허물 씻어 사노라면
세월도 곡진히 흐르겠지요
더불어 흐르겠지요

당신은 신문을 보고
나는 시를 쓰고
우리 뉘엿뉘엿 넘어가는
저녁해처럼
어루만져 흐르겠지요

더불어 흐르겠지요

벌개미취 군락 속에는
— 평창 한국자생식물원에서

땡볕 안고 흐드러진
벌개미취 군락 속에는

울며 웃으며
사랑하며 노래하며
원망하며 그리워하던
애잔한 우리들이 있습니다

지금은 있는 듯 없는 듯
숨은 향기 찾으렵니다
모여 사는 법 배우렵니다

어쩜 이 여리디 여린
순하디 순한 것들이
간밤 폭풍우 용히 견뎌
이렇듯 신비롭게 안겨오는지요
절망의 늪에서도 구원의 기쁨을 꿈꾸던
간절한 우리들의 눈길로 넘실대는지요

아이도 어른도
여자도 남자도
꽃보라로 익어가는
벌개미취 작열하는 눈부신 태양 위로

울며 웃으며
사랑하며 노래하며
원망하며 그리워하던
낯익은 우리들이 흘러가고 있습니다

아름다운 슬픔처럼 어깨결은 강물처럼
흘러 흘러가고 있습니다

보고싶다는 말
그립다는 말로
미소 짓는 것입니다

정다운 별 하나로
더 가까이
더 푸르게
반짝이는 것입니다

진실로 당신을 사랑한다는 것은
오래오래 눈 저물도록
꽃 한 송이
함께 피워내는 것입니다

〈당신을 사랑한다는 것은 - 본문 중에서〉

살아있는 노래들

이경주 시인은 첫 시집 『꿈꾸는 숲은 더 푸르다』에 이어 제2시집 『그리움의 끝에는』을 상재한다.

피아노를 전공한 시인은 이제는 건반 대신 언어를 두드린다. 오랜 시간 언어를 두드렸다 폈기를 반복하며 생명의 선율을 만들고 있다. 연륜에 비하여 너무 젊은 감수성을 가지고 있어 약간의 불면(不眠)을 앓고 있다.

투명하고 맑은 소녀의 감수성이 흘러넘칠 때면 불면이 찾아온다. 그에게 詩는 불면을 견뎌낸 소중한 생명의 노래이며, 자칫 건조해질 수 있는 일상(日常)에서 촉촉한 보습제가 되어 영혼을 아름답게 적신다.

음악과 서정시가 융합한 그의 시는 다른 시인들의 시에 비해 훨씬 운율이 깊은 자신만의 독특한 시작법이 있다.

운율은 소통을 쉽고 편하게 해주며 오랫동안 기억에 남게 해주는 특성이 있다. 이경주 시인은 운율을 통해 잠재 되어 있던 꿈들을 하나씩 하나씩 생명력 있는 메타포(metaphor)로 깨워 詩를 살려내고 있다. 그래서 그의 시는 부드럽고 편하다.

또한 그의 시가 독자들에게 오래 기억될 수 있는 장점으론 그리움의 그림자를 독자들의 뒤뜰까지 넘겨준다는 것이다. 이런 점에서 이경주의 시는 오랫동안 기억에 남으리라 생각한다.

이경주의 시를 읽다보면 소녀 같은 시어(詩語)들이 건반을 누르곤 한다.

여행을 떠나듯
한잎 두잎
꽃잎 흘러간다

흩날리는 꽃잎들이
아름다운 것은
오직
여운의 향기로만
머무르기 때문이다

아스라이
그리움의 끝에는

언제나
네가 있고

바람이 있다

그리움의 한 켠에는
누군가가
바람을 다스린다

너는 한결같이
아니 짐짓
아른이며 일렁이며
그리움의 끝에 서성인다

보이지 않는
사라지지 않는 머언
그리움의 끝에

— '그리움의 끝에는' 전문

그렇다 그녀는 만년 소녀다.

가슴을 울렁이는 사람을 만난다는 것은 누구에게나 행운이다. 깊은 감성의 우물을 품고 있는 이경주 시인은 작은 조약돌에도 파문을 일으키듯 울림이 있는 노래를 만들고 있다. 그의 詩는 갓 지은 밥처럼 윤기 있고 맛있다고 표현하고 싶다.

갈수록 메말라가는 세상, 이경주의 아름다운 감성과 서정(抒情)은 시인이 꿈꾸는 대로 사람들의 가슴에 온기를 가져다 줄 것이라 믿는다.

제1시집 『꿈꾸는 숲은 더 푸르다』의 제목처럼, 그는 시를 쓰는 동안 더 푸를 수밖에 없다. 제2시집 『그리움의 끝에는』에선 한 번도 날아본 적이 없는 파랑새들이 시인의 푸른 숲에서 지금 한 마리 두 마리 그리움을 찾아 날아오르고 있다.

이경주 시인은 詩에 대한 참을 수 없는 열정을 가지고 있다. 시인의 시에 대한 뜨거운 열정을 엿볼 수 있는 것이 바로 '애기똥풀 같은' 시이다.

한바탕 소낙비 훑고간 뒤
어린 꿈 펼쳐놓은 아침 햇살 같은
등 하나 켜봤으면

날 어둑해지면
아슴한 풍경 같은 섬으로
등댓불 깜박이는
등 하나 밝혔으면

도란도란 길섶에
노오랗게 정겨운 애기똥풀 같은
시 하나 피웠으면

— '애기똥풀 같은' 전문

맑은 영혼을 지닌 이경주 시인의 작품세계는 한마디로 참신하고 따뜻하여 독자의 가슴에 오래오래 머무르리라 본다.

열정은 노화를 막아주는 가장 좋은 보약이다. 앞으로도 이경주 시인의 시에 대한 열정이 간절하기를 바라며 문운을 빈다.

2018년 봄
시인 박일중

그리움의 끝에는

이경주 시집

지 은 이 | 이경주
펴 낸 이 | 정찬우
펴 낸 곳 | 도서출판 밀레
주 소 | 서울 서초구 효령로 53길 18, 210호
(서초동 석탑오피스텔)
TEL : (02)588-4671~2
FAX : (02)588-4673

등 록 | 2004년 12월 15일 제2-4078호
초판발행 | 2018년 6월 30일

값 10,000원
ISBN 978-89-97815-22-7